Raconter la guerre

La collection *Le 1 en livre*
est dirigée par Éric Fottorino

Responsables éditoriales :
Iman Ahmed et Manon Viard

Les textes rassemblés dans ce recueil ont été publiés dans l'hebdomadaire *Le 1*.
Le 1 n° 435, « Ukraine, et après ? », 28 février 2023 ;
Le 1 n° 362, « Talibans, et maintenant ? », 1er septembre 2022
Le 1 n° 348, « Qu'a fait la France au Rwanda ? », 26 mai 2021

Ces numéros sont disponibles à l'adresse
www.le1hebdo.fr

www.editionsdelaube.com
www.le1hebdo.fr

ISBN 978-2-8159-5667-3

Patrick de Saint-Exupéry

Raconter la guerre

éditions de l'aube

L'HEBDOMADAIRE *Le 1*

FONDÉ EN AVRIL 2014 par Éric Fottorino, Laurent Greilsamer, Henry Hermand et Natalie Thiriez, *Le 1* est un hebdomadaire innovant et atypique. Journal d'enquêtes et d'idées, indépendant, sans publicité, il rassemble chaque semaine des écrivains, des artistes, des journalistes et des chercheurs de toutes disciplines pour éclairer un seul grand thème lié à l'actualité comme aux bouleversements de notre époque.
Sa mission : décrypter le siècle, s'engager dans les combats citoyens qui agitent nos sociétés pour les rendre meilleures.
Publié sur une seule grande feuille de papier pliée en trois, *Le 1* paraît chaque mercredi en kiosque et dans plus de 200 librairies. On peut aussi s'abonner via son site, www.le1hebdo.fr.

Préface

Lire Patrick de Saint-Exupéry est toujours une épreuve. Une épreuve salutaire, nécessaire. Qui au bout de la route inspire toujours une gratitude envers son auteur. Une dette de vérité et de sincérité. En digne héritier d'Albert Londres, le grand reporter qui fut de tous les combats sur tant de scènes de guerre des trente dernières années – combats périlleux à la recherche du vrai –, le journaliste méticuleux qui regarde le réel les yeux grands ouverts, n'a cessé de tremper sa plume dans les plaies du monde. Sans une plainte, sans sensiblerie, avec humanité toujours, et d'abord un sens aigu de la précision. Une humble dévotion envers les faits, les faits, les faits. Ceux qui s'attrapent avant tout sur la voie royale du terrain, là où on partage la condition, souvent précaire et dangereuse, des hommes et des femmes dont on parle, à respirer le même air qu'eux, à traquer la vraie vie au milieu de forces mortifères.

Qu'il nous parle des génocidaires rwandais (et de leurs victimes), des talibans (et de leurs victimes), du système Poutine (et de ses victimes d'Ukraine), c'est toujours la même voix qu'on entend, le même sillon que creuse avec patience le reporter. Il accumule les témoignages, les fait parler, les relie, les éclaire. Pour aboutir à l'image la moins tremblée possible, la moins contestable que seul, à chaud, peut constituer celui que Camus appelait « l'historien de l'instant ». Mais une fois ne suffit jamais pour établir une vérité présentable. Saint-Ex, comme on le nomme dans la profession, est du genre récidiviste. Il retourne sans cesse sur les lieux de ses reportages (de ses obsessions ?), et c'est parce qu'il y va sans compter sa peine que nous y sommes, avec lui, grâce à lui.

À travers les récits et les entretiens qui composent cet ouvrage, Patrick de Saint-Exupéry nous donne à voir, à comprendre, à méditer. Sa langue est claire, directe, abrupte parfois, pour nous dire une réalité complexe du monde et de ce qu'en font les hommes quand ils piétinent d'autres hommes au nom d'un dogme, idéologique ou religieux.

Éric Fottorino

Avant-propos

« Voir ce que l'on voit »

Y aller voir, entendre, saisir. Restituer au plus juste, au plus près. « Toujours dire ce que l'on voit, enjoignait Charles Péguy[1], mais, surtout, ce qui est plus difficile, voir ce que l'on voit. »

Dans *La Chartreuse de Parme*, Fabrice à Waterloo voit : « [...] il voyait la fumée blanche de la batterie à une distance énorme, et, au milieu du ronflement égal et continu produit par les coups de canon, il lui semblait entendre des décharges beaucoup plus voisines ; il n'y comprenait rien du tout[2] ».

Égaré dans le brouillard de la guerre – « qui n'était donc plus ce noble et

1. Charles Péguy, « Notre jeunesse », *Cahier de la Quinzaine*, 11e série, vol. 12, juillet 1910, p. 194.
2. Stendhal, *La chartreuse de Parme*, livre premier, chapitre III, 1839, pour cette citation et les quatre suivantes.

commun élan d'âmes amantes de la gloire qu'il s'était figuré », Fabrice finit par s'allonger : « [...] notre héros, excédé de fatigue, s'endormit profondément », note Stendhal.

Fabrice a vu, mais il n'a pas vu ce qu'il a vu. Aveugle à l'enjeu de Waterloo, dépassé par l'histoire qui lui passe sous le nez, hébété par la violence, il se réfugie dans le sommeil en plein milieu de la bataille.

Faire récit, c'est donner à *révéler*. Avec Fabrice, Stendhal *révèle* en un formidable pied de nez la réalité d'une guerre traversée comme en rêve par un somnambule. Les détails foisonnent : « le sang coulait dans la boue », « ce champ jonché de cadavres », « ce bruit qui (lui) faisait mal aux oreilles », « une terre labourée qui était remuée d'une façon singulière ». Mais ils ne disent rien, n'ont aucun sens, restent irréels, sans conséquences. Fabrice voit sans voir, c'est-à-dire sans rien comprendre.

Stendhal n'était pas journaliste, quand bien même il se consacrait à la recherche de « la vérité, l'âpre vérité », celle d'ordre « psychologique ». Ses outils sont ceux du roman. Il en maîtrise le cadre, l'intrigue et les personnages. À lui d'en tirer les fils.

Comme Stendhal, le reporter s'efforce de saisir « l'âpre vérité », celle des faits. Mais il n'a aucune licence : cadre, intrigue et personnages sont contraints. Le réel s'impose. À lui d'en démêler les fils.

Dans le désordre de la guerre, le reporter cherche donc, explore, tâtonne, récolte des fragments. Il n'entend pas tout raconter, il se noierait. Il court après un Graal – « la goutte d'eau qui donne à voir la mer[1] ». Aiguise son regard, le dénude. Pour « voir ce qu'il voit », il doit oublier ce qu'il croit savoir.

Il préférerait parfois esquiver ce qu'il a vu et compris, mais il est alors trop tard : « l'âpre vérité » entrevue, il ne peut reculer. Il doit dire.

Révéler.

C'est un passeur.

Patrick de Saint-Exupéry

1. D'après un propos d'Adam Michnik.

Le poker du Kremlin

« Je suis inquiet quand j'entends le mot "Empire". »

Léon Werth, *Déposition*, journée du 15 novembre 1943

C'est étrange comme on oublie ces jours d'avant, ces jours d'avant la guerre en Ukraine, d'avant l'invasion par la Russie de Vladimir Poutine. Dans ces quelques semaines précédant l'agression ouverte d'un État par un autre – l'armée russe à la conquête des terres ukrainiennes –, qui y croyait ? qui l'aurait cru ? qui même acceptait de simplement l'envisager ?

Les États-Unis lançaient avertissement sur avertissement : les Russes vont y aller, disaient-ils, Moscou a amassé des hommes aux frontières, des dizaines de milliers de soldats, plus de cent mille, voire cent cinquante mille, avec échelons de ravitaillement, dotations de campagne et soutien ; ils sont prêts, dans les starting-blocks, il suffit d'un ordre, d'un *davaï!* – « allons-y ! » en russe.

Et de fait, le déploiement militaire s'était effectué à un pas de sénateur, mais sous nos yeux, au grand jour. Washington, l'Otan et les Européens l'avaient documenté avec leurs satellites. Les Russes ne s'en étaient pas vraiment cachés, noyant le poisson en parlant semaine après semaine de manœuvres. Une *maskirovka* (une « ruse ») classique, destinée à conforter ceux qui ne voulaient pas voir, les plus nombreux.

Ces derniers avaient d'ailleurs des arguments, de vrais et sérieux arguments. Que vaut la parole des États-Unis ? interrogeaient-ils en rappelant les mensonges éhontés de Washington sur les armes de destruction massive en Irak.

Et puis, pourquoi Vladimir Poutine prendrait-il le risque d'envahir l'Ukraine, qu'aurait-il à gagner à briser l'ordre établi, à mettre en péril les fragiles équilibres tissés depuis la fin de la guerre froide ?

Enfin, le président russe ne venait-il pas, sept ans plus tôt, de ravir sans coup férir le trophée si symbolique de la Crimée ? Cette Crimée enlevée par Catherine II qui mit au pas les Tatars et brisa les cosaques

Zaporogues ; cette Crimée de la légende des « villages Potemkine », du nom de l'amant de l'impératrice, commandant en chef de l'armée, qui organisa en 1787 son voyage impérial à travers les « terres de peuplement » de la « Nouvelle Russie » (« Novorossia ») ; cette Crimée qui vit au XIXe les Français, les Britanniques et les Turcs assiéger onze mois le bastion de Sébastopol ; la Crimée, avant-poste sur la mer Noire qui contrôle l'accès à la mer d'Azov et ouvre un débouché sur les mers chaudes, éternelle obsession de Moscou.

L'annexion de la Crimée s'était faite en douceur, presque sans douleur. Des traités internationaux garantis par l'engagement des États avaient été violés ; des interdits, transgressés. Au prix de quelques sanctions tenues pour négligeables par le Kremlin, et à la grande satisfaction de Vladimir Poutine qui renouait là les fils d'une histoire brisée, selon lui, par « l'effondrement de l'URSS, la plus grande catastrophe géopolitique du XXe siècle[1] ».

1. Adresse à la nation de Vladimir Poutine, 25 mai 2005.

Moscou pavoisait, la population russe était heureuse. Vu du balcon européen, il n'y avait pas de raisons – je veux dire objectives, rationnelles – d'aller plus loin. L'ancien président ukrainien, le prorusse Viktor Ianoukovitch, renversé par la révolution orange, était parti en exil à Moscou. L'Ukraine avait opté pour l'Europe. La Russie s'était emparée de la Crimée. Un point partout, balle au centre. En diplomatie, cela s'appelle un compromis.

Certes, il y avait le soulèvement du Donbass, ces mystérieux « petits hommes verts » arrivés discrètement de Russie en uniforme pour inciter les « prorusses » ukrainiens à prendre les armes contre Kiev ; ce qu'ils avaient fait, ce qu'ils faisaient depuis maintenant sept ans – treize mille morts dans une guerre hybride, illisible.

Une partie des habitants du Donbass se disaient « prorusses », d'accord. Mais étaient-ils « pro-langue russe » ou « pro-Russie » ? Se soulevaient-ils pour pouvoir parler le russe en Ukraine comme ils l'affirmaient ? Ou pour rallier la Russie ? Ce n'était pas clair, rien n'était clair. Et dans les négociations lancées afin de poser un couvercle sur la marmite, la mauvaise foi le disputait ardemment à la lassitude. Alors, à quoi bon le Donbass ? Pourquoi se préoccuper d'un conflit de basse intensité sur ces terres aux marches de la Russie, à l'extrême est de l'Ukraine, de cette *U-kraïna* elle-même « terre des confins » ?

Cela, c'était il y a un an. Avant l'invasion du 24 février 2022, avant que les premières salves de missiles de croisière et balistiques ne s'abattent sur Kiev, avant que ne déboulent les troupes d'assaut débarquées d'hélicoptères d'attaque russes, avant l'offensive des chars par le nord, le sud et l'est, avant le surgissement des cent cinquante mille soldats, avant le déploiement de l'« opération spéciale » – cet euphémisme imposé en Russie pour ne pas avoir à parler de « guerre », avant l'opération de « dénazification », avant que le *Z* ne devienne un signe de ralliement en Russie…

De la confuse Ukraine en crise politique permanente n'émergeait alors en Occident qu'une image forte, une seule : celle d'un pays qui, trois ans plus tôt, venait de se donner un comique pour chef d'État. Oui, un jeune gars du nom de Volodymyr Zelensky, qui s'était illustré en faisant le « clown » dans des sketches à la télé avant d'incarner le rôle principal d'une série populaire : *Serviteur du peuple*. Énonçant cela, je me souviens du non-dit implicite dans les cercles réputés sérieux : un « comique » à la tête du pays des Femen, ces activistes aux seins nus ? Surréaliste, non…

Je ne sais si Vladimir Poutine estimait lui aussi la situation surréaliste. Je ne le crois pas, ce n'est pas son style. Lui se revendique comme grave, sérieux, héritier des convulsions de l'histoire et porteur d'un dessein de type messianique : rétablir la grandeur de l'empire des tsars et de l'URSS en une bien improbable synthèse. Depuis son accession au pouvoir voilà plus de vingt ans, l'obscur lieutenant-colonel du KGB basé à Dresde, alors en Allemagne de l'Est, s'est enfermé dans sa vision. De plus en plus raide, de plus en plus seul dans sa résidence privée aux rideaux tirés en plein jour, d'où il ne sort que pour de rares mises en scène chorégraphiées à l'avance.

Dans une récente interview[1], l'opposant russe emprisonné Ilia Lachine faisait remarquer que Vladimir Poutine vivait dans l'inconfort : il ne se sent toujours pas « légitime », insistait-il. J'avais trouvé ce propos très juste, tant il est vrai que l'on peut être dictateur, disposer littéralement du droit de vie et de mort sur son peuple, être invité à arpenter la galerie des Glaces du château de Versailles, se voir admis dans le club très fermé des sept grandes puissances du monde – élargi à huit –, sans pour autant se sentir « légitime ». Parce que le passé vient toujours vous « titiller », parce que l'on a grandi à l'école des voyous, parce que l'on sait avoir menti, biaisé, triché, truandé, volé, fait assassiner.

Et tout cela, Vladimir Poutine l'a commis. Il a beau faire, cela pèse, cela ressurgit par bouffées : le « bâton » pour les oligarques, les « chiottes » pour les

1. Emmanuel Grynszpan, « Ilia Iachine, opposant russe emprisonné : "les premiers signes du mécontentement de la population sont déjà visibles" », *Le Monde*, 11 août 2022.

Tchétchènes, la prison pour les « singes » de l'opposition russe… Ce vocabulaire violent, grossier, souvent obscène, a un nom en Russie : il s'appelle le *mat*. Le *mat*, c'est cet argot que l'on apprend à l'école de la rue et qui est en usage dans le monde de la pègre, chez les *Vory v Zakone*, littéralement les « voleurs dans la loi », les caïds. Parler *mat*, c'est s'affirmer en homme viril. C'est aussi vouloir faire peur, choquer, effrayer. Le *mat* est une marque d'appartenance, un signe de reconnaissance. En user, c'est dire : « J'en suis. »

Et Vladimir Poutine en « est », sans doute possible. Il l'a encore récemment – et formidablement – revendiqué à Moscou, en pleine conférence de presse avec Emmanuel Macron. C'était le 7 février 2022, deux semaines avant l'invasion. Dans l'atmosphère compassée des ors du Kremlin, les deux chefs d'État étaient chacun derrière son pupitre, la presse face à eux, l'Ukraine à l'ordre du jour. Les bruits de bottes résonnaient, on se refusait toujours à envisager une invasion.

C'est alors que Vladimir Poutine crucifia les dernières négociations. Pour marquer le coup, pour choquer et effrayer aussi, il s'exprima en *mat*. Oui, en argot russe. Du Kremlin, face à la presse, il adressa une ultime mise en garde à son homologue ukrainien Volodymyr Zelensky. La phrase qu'il prononça était stupéfiante, compréhensible mais quelque peu énigmatique, une sorte de message codé : « Que cela te plaise ou non, ma belle, à toi de le supporter. »

On imagine l'hésitation des traducteurs, la perplexité générale. On perçoit d'instinct la menace dans le propos, sans vraiment en saisir les contours. On finira toutefois par comprendre, par décoder. Et, de nouveau, on se pincera. Cette phrase du maître du Kremlin n'était rien d'autre qu'une grossière référence à la transcription en *mat* du conte *La Belle au bois dormant*.

Une version « voyou russe » que voici :

Dans la tombe, elle dort ma belle
Je m'incline et je te baise
Que oui ou non cela te plaise
À toi de l'supporter ma belle.

« Ma belle », c'était Volodymyr Zelensky, le président ukrainien. C'est à lui que s'adressait Vladimir Poutine. Le message lancé du Kremlin était explicite : « Je vais te b… et tu n'auras d'autre choix que de le supporter. »

D'aucuns parleraient d'une volonté affirmée de viol. Ils verraient dans ces propos du président russe l'annonce prémonitoire du viol d'un pays qui, parce qu'il refuse de se donner, serait pénétré de force. Ce n'est pas inexact, mais, pour ma part, j'y vois un autre élément : la rivalité, la revanche, le besoin viscéral de rabaisser des « frères » traîtres à la cause.

Depuis son indépendance obtenue en 1991 – garantie, au prix du transfert à la Russie de son parapluie nucléaire, par la signature trois ans plus tard du mémorandum de Budapest par la fédération de Russie, les États-Unis et le Royaume-Uni[1] –, l'Ukraine n'a cessé de s'affranchir des liens qui la rattachaient à

1. En échange de la dénucléarisation et de l'adhésion de l'Ukraine au Traité sur la non-prolifération des armes nucléaires (TNP), les signataires

l'empire défunt – cet empire dont Moscou se revendique comme l'héritier. Ancien bastion militaro-industriel et grenier à blé de l'URSS, la « terre des confins » et ses 44 millions d'habitants se sont pas à pas libérés d'une pesante tutelle en se tournant vers l'Europe, l'Ouest plutôt que l'Est.

Un choix ardu, compliqué, exigeant, tant les obstacles étaient et restent nombreux. On ne s'extirpe pas de la gueule de l'ours sans blessures. Et l'ours a faim : au travers de l'Ukraine, il joue son identité, son statut, sa « légitimité ». Comment tolérer sur ses marches une « nation sœur » bravache, frondeuse, décomplexée ? Dirigée, qui plus est, par un « Coluche » local ? Plutôt humiliant, n'est-ce pas…

Les présidents russe et ukrainien ne se sont, à ma connaissance, jamais rencontrés[1] et je crois qu'il y a de vraies raisons à cela. Je pourrais sans doute expliquer

s'engageaient à respecter « son indépendance, sa souveraineté et ses frontières existantes ».

1. Vladimir Poutine et Volodymyr Zelensky se sont croisés à plusieurs reprises : à Moscou du temps du « comique », en France lors des négociations dites « Format Normandie ».

cette impossibilité d'un tête-à-tête par de profondes considérations géostratégiques qui reprendraient pour partie les justifications du Kremlin : la supposée menace de l'Otan, les visées hégémoniques des États-Unis, la langue comme facteur d'appartenance nationale (comme si, par exemple, le Congo devait être la France puisqu'on y parle français), la dégénérescence de l'Occident, les mémoires historiques divergentes… Mais, dans le fond, tout au fond, cela me paraît bien plus simple : un fossé vertigineux sépare les deux hommes plantés chacun sur une rive. À l'Ouest, le « clown » ; à l'Est, le « caïd ». Entre les deux, le vide.

De cette hypothèse, je tiens pour preuve un détail, un simple sketch qui remonte à quelques années et qui, à l'époque, a dû faire « siffler » bien des oreilles au Kremlin. C'était avant l'invasion, du temps où Volodymyr Zelensky n'était encore – je le répète – qu'un « Coluche » local, un amuseur célébré à travers l'Ukraine en raison de ses parodies diffusées à la télévision.

Le sketch, évoqué dans le livre *Le Combat de nos vies*[1] par l'ancienne attachée de presse du président ukrainien Iuliia Mendel, démarre ainsi : nous sommes sur un plateau baigné par la lumière des projecteurs. Entre en scène un acteur de Kvartal 95, la troupe d'humoristes de Zelensky, qui se lance dans une tirade quelque peu grandiloquente : « L'avenir de l'Ukraine ne dépend en réalité ni de l'Europe ni des États-Unis, mais… – quelques secondes de silence pour ménager l'effet – … des seules migraines d'Alina Kabaeva ! » (Alina Kabaeva, une célèbre gymnaste russe, est la maîtresse de Poutine.)

Apparaît alors un homme déguisé en femme, outrageusement maquillé, vêtu d'une sorte de tutu rose. C'est Zelensky, travesti en amante du maître du Kremlin. Et l'Ukrainien, dans son tutu rose, les traits surlignés, les gestes outrés, se met à pester contre *son* homme rentré tardivement à la maison sans prévenir. Poutine

1. Iuliia Mendel, *Le combat de nos vies*, Paris, Talent, 2023.

(c'est un autre acteur qui parle) s'excuse, se défend : il devait s'occuper des soldats russes infiltrés en Crimée.

« NE ME MENS PAS ! explose Zelensky-l'amante, bras au ciel dans son tutu rose. Moi, je regarde la télévision russe ! Il n'y a pas de troupes en Crimée ! »

Poutine pris au piège de ses discours, l'absurdie mise en abyme dans une scène de boulevard, éclats de rire libérateurs dans les studios.

L'humour est un abrasif, il décape. C'est aussi une arme dévastatrice. Zelensky en tutu rose, Zelensky porté à la présidence par 73 % des suffrages, Zelensky de langue maternelle russe, Zelensky devenu « serviteur du peuple », ne refuse pas seulement de faire allégeance : il est le symptôme de la fronde d'un peuple, le bouffon qui donne à voir le maître dénudé.

Un homme dangereux, donc. Capable de « réfuter les mensonges énoncés en russe avec des vérités énoncées en russe[1] ». À même de faire voler en éclats les discours

1. Discours du 5 février 2021.

de propagande – « Nous continuerons de parler russe, nous ne laisserons personne privatiser la langue russe. » Et surtout un homme de ressources, fort d'un courage inattendu – « Je n'ai pas besoin d'un taxi, j'ai besoin de soutien », lance-t-il dans les premières heures de l'invasion, en réponse à une offre d'évacuation des États-Unis.

Dans les faubourgs de Kiev bombardée, des commandos russes sont à ses trousses. Les hélicoptères d'assaut vibrionnent dans le ciel ukrainien. Les chars avancent en colonnes ronronnantes. Les hostilités sont ouvertes.

*

Vladimir Poutine endosse l'agression dans un discours télévisé diffusé à l'aube du 24 février 2022. Moscou, annonce-t-il, impavide, a déclenché une « opération militaire spéciale ». L'objectif ? « Démilitariser et dénazifier l'Ukraine. » Le moyen ? Les soldats ukrainiens doivent immédiatement « déposer les armes ». Le ton est martial, mais elliptique ; la proclamation, lapidaire, du type : « Nous allons remettre de l'ordre chez les p'tits gars d'à côté. »

L'Europe se réveille confrontée à un passé qu'elle croyait révolu : la guerre, cet impensé enfoui sous « les dividendes de la paix » depuis la chute du mur de Berlin en 1989. Là, chacun le comprend intuitivement, la brisure est profonde, violente, nette, peut-être irrémédiable.

Les images venues d'Ukraine tétanisent. Une équipe de télévision de CNN filme à moins d'une quinzaine de mètres des commandos russes prenant possession de l'aéroport de Kiev. Sur d'autres images, on entend les détonations, les tirs, le fracas des bombes. On voit d'imposants panaches de fumée, des flammes léchant des immeubles éventrés.

En direct sur les réseaux sociaux, les hélicoptères de combat survolent les champs en rase-mottes, de longues colonnes de blindés progressent. On entend des témoignages : des femmes en larmes, des enfants terrifiés dans les caves. On respire la peur. On voit se dessiner l'exode des foules terrifiées, entassées sur les quais de gare, sacs plastique à la main. On saisit l'incompréhension, on la partage. Le ciel tombe sur la tête de l'Ukraine. Pourquoi ?

Mais il est trop tôt pour revenir en arrière. Sur les écrans, le film – hypnotique, bouleversant, tragique – défile en accéléré. L'Occident est scotché. On se pince : c'est vraiment la guerre, la vraie ? Et cette histoire de « dénazification », c'est quoi ? Retour vers le futur ? Le début de la troisième guerre mondiale ? Tout se brouille, s'emmêle. Les images haute définition tressautent comme une version remastérisée et colorisée des archives de la Seconde Guerre mondiale.

Des experts comparent les forces en présence : l'armée russe *vs* l'armée ukrainienne. Ils ont des chiffres, des diagrammes qu'ils tirent d'armoires poussiéreuses. Leurs mots datés de la guerre froide sont vieux de dizaines d'années. Leur verdict tombe, tranchant : les forces sont déséquilibrées, le rouleau compresseur russe va balayer l'Ukraine, c'est inéluctable, mathématique, sans espoir, une question de jours, une ou deux semaines tout au plus.

Je vais être direct : dans ces premières heures, je bouillais d'indignation. Ne pas avoir voulu voir venir l'invasion et, sitôt le fait accompli, se préparer à l'entériner, cela m'apparaissait obscène, indécent. J'ai vécu cinq ans dans la Russie de Poutine, je n'ai jamais oublié la phrase – délicieuse en russe, et si juste – de Viktor Tchernomyrdine, Premier ministre russe de 1992 à 1998 : « On a voulu faire au mieux, on a fait comme d'habitude. » J'ai parcouru l'Ukraine indépendante : Kiev, la Galicie, le Donbass, des terres meurtries, tiraillées entre l'Europe et l'Asie, broyées *par le fer et par le feu* (pour reprendre le titre du grand roman historique d'Henryk Sienkiewicz[1]) des visées varègues, tatares, lituaniennes, polonaises, cosaques, russes, bolcheviques, staliniennes, nazies, soviétiques… Et ç'aurait été simple : une petite équation, un *slide* en fond d'écran, et hop, affaire réglée !

Ça ne l'était pas, bien sûr. Passé du tutu rose au treillis, il y eut d'abord Zelensky

1. Henryk Sienkiewicz, *Par le fer et par le feu*, Paris, Libretto, 2014 [1884].

qui déclina le « taxi » pour se retrancher fermement avec son gouvernement, avec l'état-major, avec la population, dans une capitale que les commandos russes infiltraient déjà. Il y eut ces réactions spontanées des civils qui masquèrent les panneaux sur les routes, qui indiquèrent la direction de Moscou quand des soldats russes égarés demandaient celle d'une localité, qui firent de chaque village une petite forteresse retranchée derrière des guérites improvisées, qui prirent les armes – les fusils de chasse, les vieilles pétoires gardées en souvenir, tout ce qui traînait. Cela s'appelle la résistance. L'esprit de résistance était là, bien installé.

Il ne relevait pas d'un miracle, il ne surgissait pas inopinément. Il s'était forgé tout au long des rudes années d'émancipation. L'indépendance, la révolution orange, les obstructions russes, avaient été le ferment d'une société civile qui avait appris à s'organiser, qui était réactive, puissante, volontaire. Par ses visées, Vladimir Poutine avait paradoxalement façonné, dans ce pays qu'il tient pour

« le berceau de la Russie », une société qu'il ne comprenait pas, dont il ne voulait pas et qui même – peut-on penser – le révulsait. La « verticale du pouvoir » et le « serviteur du peuple » : deux projets politiques radicalement opposés, irréconciliables dans un même espace supposé « russe ».

Quelques jours après l'invasion, je suis allé en Ukraine. À l'arrière, parce qu'une guerre se joue toujours à l'arrière. Si l'arrière tient, le front peut tenir. Si l'arrière lâche, le front s'écroule.

L'arrière, donc, était la ville de Lviv, passage quasi obligé des réfugiés fuyant l'invasion. Des flots de femmes, de vieillards et d'enfants apeurés débarquaient des trains bondés arrivant de l'est et du centre du pays. Des cantines étaient organisées, des bols de soupe distribués, des nécessaires de toilette et des couches aussi, de grands panneaux offset indiquaient les possibilités d'hébergement, des numéros de téléphone y étaient inscrits en cas de difficulté, et si on appelait une voix répondait.

La gare dégueulait de monde, mais elle restait propre. La fatigue, l'angoisse, l'incertitude ne laissaient place à aucune panique. Les organisations humanitaires étrangères – rodées aux conflits du tiers-monde – étaient là, les bras ballants, dépassées, comme hébétées.

Des camions venus d'Europe affluaient, chargés de vieux pulls, de jouets usagés, de chaussettes défraîchies, de dentifrice, de savon, de boîtes de conserve… Les Ukrainiens réclamaient à cor et à cri des armes : c'est de cela que nous avons besoin, disaient-ils, laissant poliment entendre qu'on ne repousse pas une invasion à grande échelle avec des boîtes de conserve. Les Allemands venaient peu avant de faire un grand pas : un don de… cinq mille casques.

L'arrière tenait, le front prit forme. Violemment. D'abord des petits coups de main. Puis des embuscades. Des colonnes de chars bloquées par un tir de roquette sur le blindé de tête, des hélicoptères abattus par des missiles, des commandos repoussés dans de brefs mais âpres affrontements.

Et la machine de guerre russe se bloqua, se mit à patiner dans la boue et la neige, sans plus pouvoir avancer – rappelez-vous :

« On a voulu faire au mieux, on a fait comme d'habitude. » Les soldats immobilisés s'interrogeaient. On ne leur avait pas dit où ils allaient ni pour quoi faire. Certains se croyaient en Russie. D'autres pensaient être accueillis en « libérateurs ». Ils se découvraient envahisseurs, ennemis.

Un premier train de sanctions est pris. Elles s'ajoutent à celles déjà adoptées après l'invasion par la Russie de deux provinces géorgiennes, l'Abkhazie et l'Ossétie (2008) ; après l'assassinat dans une prison moscovite de l'avocat Sergueï Magnitski, symbole de la lutte contre la corruption (2009) ; après l'empoisonnement au Novitchok, un neurotoxique, d'un agent du renseignement militaire russe (GRU) réfugié en Angleterre, Sergueï Skripal (2018) ; après l'annexion de la Crimée (2014) et ainsi de suite, ainsi de suite…

Les soldats russes, stoppés dans leur avancée, dotés de peu de soutien – la résistance n'était pas prévue, l'opération devait être éclair, le fruit étant supposé mûr –, se mettent à vivre sur la bête. Des vols d'abord, du pillage ensuite, puis des viols, des exécutions sommaires, des disparitions par dizaines, par centaines. C'est une litanie d'horreurs. Boutcha, Irpin, Marioupol, Mykolaïv: ces noms deviennent familiers.

L'État russe ne cille pas, nie sans vergogne, déploie la propagande lourde: « C'est la faute aux nazis. » En sous-main, Moscou pousse au déplacement des populations, au rapt d'enfants isolés, transférés en Russie pour leur « bien ». Tous les registres de la menace sont déployés. Un missile hypersonique baptisé *Kinjal* (« poignard »), « l'arme absolue » selon Vladimir Poutine[1], est tiré sur l'Ukraine. L'occupation de la centrale atomique de Zaporijia, la plus grande d'Europe, sert, elle, de gage au chantage nucléaire. « Retenez-vous ou je fais un malheur », avertit implicitement le président russe.

Les sanctions se multiplient: les banques, le gaz, le pétrole, les interdictions

1. Discours au Parlement du 1er mars 2018. Après un test réussi, Vladimir Poutine qualifie ce missile capable d'atteindre dix fois la vitesse du son d'« arme absolue », « pratiquement invincible ».

de séjour... Elles touchent les compagnons de route du poutinisme, ces anciens responsables politiques européens rétribués par le Kremlin en jetons de conseils d'administration. Ils sont nombreux à être pris les doigts dans le pot de miel : François Fillon en France, Gerhard Schröder en Allemagne, et d'autres en Italie, en Espagne, en Belgique, dans les pays nordiques.

La guerre révèle. Ce qu'elle dit de l'Europe n'est, dans un premier temps, guère reluisant. Comme un réveil douloureux après une accoutumance à l'argent russe, au gaz russe, au pétrole russe.

Les anciens pays de l'Est sonnent le branle-bas. Ils connaissent la patte de l'ours, ils n'ont aucune illusion. La Pologne, la Tchéquie, la Slovaquie, la Roumanie, la Moldavie, la Bulgarie, la Lituanie, l'Estonie, la Lettonie, tous – excepté la Hongrie – multiplient les initiatives, applaudissent aux premières livraisons d'armes des États-Unis et de l'Angleterre. Des gilets pare-balles, puis des munitions, puis des missiles, du renseignement, des obusiers, de l'artillerie.

La France, l'Allemagne, l'Italie, l'Espagne, la Belgique, les Pays-Bas, toute l'Europe se joint au mouvement.

Moscou hurle, tempête, hystérise. Les milices tchétchènes du cruel Ramzan Kadyrov sont envoyées en renfort. Le commandement militaire de « l'opération spéciale » est chamboulé. « Nous n'avons pas encore commencé les choses sérieuses », tonne Vladimir Poutine[1], cinq mois après le début de l'invasion.

Mais ça ne fonctionne toujours pas. Pendant l'été, les Ukrainiens reprennent du terrain. La ville de Kharkiv, si proche de la Russie, libérée des nazis par les Soviétiques en 1943, menaçait d'être prise : elle respire, et c'est en russe qu'elle se proclame fière d'être ukrainienne.

Au début de l'automne 2022, Vladimir Poutine sonne l'heure de la mobilisation. Trois cent mille hommes, dont beaucoup de « raflés », rejoignent l'armée pour suivre une formation express. La milice paraétatique Wagner – son emblème : un viseur

1. Déclaration du 7 juillet 2022.

pointé sur une tête de mort, fond noir, liseré rouge sang – est renforcée. Pour garnir les rangs de ses mercenaires, l'État russe vidange ses culs-de-basse-fosse en faisant miroiter aux détenus amnistie et espèces sonnantes. Les cinquante mille Wagner, composés à 80 % de repris de justice et lourdement équipés, sont placés en concurrence avec l'armée. Le *mat* devient officiellement la langue du Kremlin. C'est une fusion. L'État se dissout dans le crime, la terreur. Un État terroriste.

*

Dans une partie de poker, il arrive qu'un joueur fasse tapis. Faire tapis, c'est tout miser d'un coup et contraindre les autres joueurs à un choix radical : ou se coucher (et perdre la mise déjà engagée), ou suivre (en s'alignant).

On ne fait jamais tapis en début de partie. On jauge d'abord, on montre les muscles, on introduit le doute, on enclenche un engrenage, on crée un rapport de force, on déstabilise, on use, on fragilise. Quand survient le moment paroxystique du tapis – tout gagner ou tout perdre –, les esprits sont tendus, à cran.

Ce poker, Vladimir Poutine l'a engagé bien avant l'agression du 24 février 2022. Pendant des années, derrière les murs aveugles du Kremlin, il s'y est préparé en solitaire. En solidifiant son emprise sur son pays, en amassant patiemment un trésor de guerre, en développant des armes « absolues », en étendant son influence, en grillant les « lignes rouges » une à une.

L'invasion de l'Ukraine, voilà un an, a braqué la lumière. La mise était cette fois trop élevée, impossible de laisser « passer ». Les joueurs de premier rang – l'Europe, l'Otan, les États-Unis – n'ont eu d'autre choix que de s'asseoir avec d'infinies précautions à la table dressée par le Kremlin (souvenez-vous des cinq mille casques !).

Vladimir Poutine a pris goût au poker, c'est un joueur acharné, il est accro, il « en a ». Plus les champs ukrainiens rougeoient, plus les enchères grimpent. Jusqu'aux tanks occidentaux fournis à Kiev. Jusqu'aux nouveaux systèmes de défense antiaériens installés à Moscou.

Attroupés autour de la table de jeu, de nombreux observateurs intéressés et attentifs se poussent du coude : la Chine, qui revendique Taïwan et a soif d'énergies ; l'Iran, engagé dans un bras de fer nucléaire ; la Turquie et ses aspirations impériales.

Derrière, d'autres s'agitent dans l'ombre : l'ONU, gardienne d'une loi internationale piétinée sans états d'âme ; les pays du Golfe, qui se demandent s'il n'y aurait pas là une opportunité ; l'Inde, ravie d'acheter du gaz et du pétrole russes à prix bradés ; les anciens satellites de l'URSS en Asie centrale, dubitatifs et inquiets ; les pays en voie de développement, déjà appauvris par le Covid-19 et qui redoutent d'être laissés pour compte.

La partie progresse. Mécanique.

Les joueurs abattent leurs cartes. Tendus.

Les mises montent. S'empilent.

Les regards se durcissent. Fatigués.

On bluffe, on relance, on remet au pot.

Tapis ?

Que s'est-il passé ?

« Alors, au cœur de la nuit, une odeur étrange se répandait sur tout Kaboul, amère et prenante, qui avait un goût de fumée et de philtre : les boulangers commençaient à faire cuire, sur un bois spécial, les galettes brunes du pain quotidien. »

Joseph Kessel, *Le jeu du roi*

Plus qu'une bascule, ce fut un effondrement. Brutal, soudain, total, inattendu. Aux premières heures de ce dimanche 15 août 2021, Kaboul vaquait à ses occupations. Le gouverneur de la Banque centrale était en réunion, des humanitaires se rendaient chez des amis, les journalistes préparaient leur compte rendu quotidien, de jeunes Afghans, filles et garçons mêlés, se retrouvaient au café, les télévisions et les radios bourdonnaient, les marchands du bazar sortaient leurs étals. Il faisait beau, trente degrés, les habituelles brumes de pollution commençaient à couvrir la capitale de plus de cinq millions d'habitants d'un léger voile irisé qui gommait les pics environnants tachetés d'un duvet neigeux.

Des cerfs-volants étaient-ils de sortie ? Je ne sais pas, je n'y étais pas : j'aurais dû y être une semaine plus tard. Une semaine trop tard ! Je n'ai pu que suivre, incrédule, les événements à distance. Il était probable que Kaboul chute quelques semaines, quelques mois après le 31 août, terme fixé pour le retrait des troupes américaines. Mais que Kaboul chute, en un claquement de doigts, sans un coup de feu, deux semaines avant la date butoir, personne – je crois – ne l'avait envisagé, ni même imaginé.

Il y avait un président, un gouvernement, une armée, une police. Ils étaient là, ils existaient. Au début de l'année, dans le cadre d'un tournage documentaire[1], j'avais vu les soldats aux barrages érigés à travers la capitale, fusil-mitrailleur en bandoulière, casque, uniforme et rangers. Ils m'avaient examiné, comme chaque passager de chaque véhicule. Je croisais souvent aussi ces jeeps américaines à l'allure de gros bourdons, équipées de mitrailleuses lourdes et occupées par les forces spéciales

1. *Sous la loi des talibans*, coécrit et réalisé avec Pedro Brito de Fonseca, produit par 13 Productions.

afghanes mises sur pied après vingt ans de coopération avec l'Occident, qui les a formées et financées.

Il y avait un peu plus de dix ans que je n'étais pas revenu en Afghanistan, pour des raisons que j'expliciterai plus tard. Les odeurs du bazar de Kaboul étaient les mêmes, puissantes, âcres : des effluves de charbon de bois sur fond capiteux d'épices, mêlées aux coulées de sang frais des bouchers découpant la viande sur leurs tréteaux dans la rue. La police n'avait pas changé non plus : mêmes uniformes que dans les époques précédentes – celle du régime communiste laissé en héritage par les Soviétiques (1989-1992), celle des moudjahidine (1992-1996), puis celle des talibans (1996-2001), même indolence, même inefficacité. J'étais dans un tableau aux variations subtiles : la même trame, mais avec, de-ci de-là, quelques touches et légères déformations superposées.

J'avais retrouvé sur le tarmac de l'aéroport – celui-là même qui fut au cœur des évacuations – plusieurs carcasses d'avions restées figées depuis mon dernier séjour, mais, quelques pas plus loin, dans un hall au carrelage ciré, je m'étais heurté à d'improbables affiches publicitaires vantant des parfums et des téléphones. Des amis avaient proposé de venir me chercher, ils étaient arrivés en voiture blindée et il m'avait fallu quelque peu insister pour circuler le lendemain dans un taxi « normal ». J'avais découvert de nouveaux immeubles avec ascenseurs, espaces sportifs et vue dominante sur les immenses faubourgs au ras du sol de Kaboul, de nouveaux restaurants, des magasins à profusion, des cyclistes équipés comme pour le Tour de France.

Et ce dimanche 15 août 2021, tout s'est effacé : le président, le gouvernement, l'armée, la police… D'un coup, il n'y eut plus personne. Que le vide. Un mirage évanoui. Kaboul ville ouverte. Et des dizaines de milliers d'Afghans qui y avaient cru et qui s'étaient installés dans cette vie, des milliers d'étrangers qui y avaient aussi cru et qui s'étaient également installés dans cette vie, se découvraient brutalement submergés par les sables talibans surgis du fin fond des provinces himalayennes du Nord et de l'Est, ou désertiques du Sud et de l'Ouest, sans que nul ne s'oppose – au-delà de la gesticulation – à leur avancée, pas plus les autorités afghanes que leurs « alliés » occidentaux.

Je reçois à l'instant un message d'un jeune Afghan qui, au début de l'année, m'a aidé à rencontrer Ahmad Massoud, le fils du commandant Massoud. Voici ce qu'il m'écrit :

« Monsieur Patrick, j'espère que vous allez bien. Aidez-moi à sauver ma famille. Je suis à la maison à Kaboul avec mes enfants dans une mauvaise situation. S'il vous plaît, aidez-moi à me faire venir en France parce que je suis menacé de mort en raison de mes contacts avec la famille Massoud. »

Que lui dire ? Que lui répondre ? Que je ne peux rien faire, ce qui est la stricte vérité ? Qu'il faut tenir, espérer, mais espérer quoi ? Je cherche sans trouver. Je me souviens des mots prononcés au Parlement anglais voici quelques jours[1]

1. Le 18 août 2021.

par un élu conservateur, ancien militaire en Afghanistan. Tom Tugendhat parlait de la défaite, de ce goût de la défaite qu'il avait éprouvé, soldat, le jour où une mère afghane lui avait tendu son enfant mort : « Nous ne pouvions rien faire, c'était trop tard. Voilà à quoi ressemble la défaite. »

Je dois répondre au message reçu. Je ne parle pas de défaite. Je dis qu'il faut tenir, se cacher, faire profil bas, que le pire n'est jamais certain, qu'il faut croire en l'avenir, s'accrocher. Des mots, que des mots. Comme des milliers d'autres qui à travers le monde reçoivent de semblables messages – humanitaires, journalistes, experts, amoureux de l'Afghanistan, chercheurs, historiens, archéologues, soldats, gouvernants –, je n'ai que cela à proposer.

Que s'est-il passé ?

Des images du début de l'année font irruption : les traits tirés d'une romancière afghane publiée aux États-Unis, séparée de son mari, m'assurant avec force devant son fils que jamais elle ne quitterait Kaboul, même sous domination talibane ; la voix tremblante, épuisée, d'une réalisatrice suivant un groupe de femmes engagées dans les négociations de « paix » avec les talibans à Doha (Qatar).

Ces images s'accolent à celles de l'évacuation éperdue à l'aéroport, de l'intrusion des talibans dans le bureau présidentiel déserté, des familles terrées dans leur intérieur sans plus oser en sortir tandis que les talibans pénètrent dans Kaboul, l'investissent, s'en saisissent par toutes les artères, les nerfs. Un viol ? L'idée m'a effleuré, mais je la récuse. Elle n'est pas juste. Kaboul, lâchée par les États-Unis, s'est donnée ou a été livrée. Les deux.

Pour saisir ce qui s'est passé, il faut évoquer l'Afghanistan hors Kaboul, un pays pauvre parmi les plus pauvres, où le pavot est cultivé non pour s'enrichir, mais pour survivre. Où que l'on soit, dans cet espace balayé par les puissants vents d'Asie centrale, la terre est sèche, rude, rocailleuse, poussiéreuse. Pour y arracher de quoi subsister, il faut déployer des trésors d'imagination, de patience, de travail. Le blé planté dans d'étroites parcelles labourées par des attelages de bœufs, d'ânes ou de chevaux est coupé à la faux ou à la serpette par des femmes et des enfants ployés en deux. L'irrigation est assurée par des réseaux de canaux vieux de plusieurs centaines d'années, adossés en serpentins longs de dizaines de kilomètres aux flancs de montagnes vertigineuses. Les habits des villageois sont les mêmes que ceux que l'on peut voir sur les gravures narrant les défaites de l'armée impériale anglaise au XIXe siècle. Depuis, les rochers se sont à peine émoussés, et les déserts pas plus corrodés.

C'est là le cadre hostile où hommes, femmes et enfants issus d'une mosaïque de peuples – Pachtouns, Tadjiks, Hazaras, Ouzbeks, Turkmènes, Kouchis… – vivent de toute éternité comme des tiques accrochées à la plus importante balafre géologique de la planète : des montagnes à huit mille mètres, des steppes à l'herbe rabougrie, des déserts plats comme le dos de la main.

Chaque vallée, chaque oasis, chaque labour, chaque pâturage est ici l'objet d'incessantes convoitises, source d'innombrables conflits réglés par la force des armes et des alliances locales. Le sang coule parfois, les fidélités oscillent. Le passage du temps est marqué par les saisons, plus que par les jours ou les mois. Au-delà, c'est ailleurs, un autre monde. Les cols ou les déserts sont franchis par les seuls commerçants, bandits ou envahisseurs. Ce sont eux qui apportent les nouvelles, eux aussi qui bouleversent les fragiles équilibres.

Comme à l'échelle du village, on les combat, on fait allégeance ou le dos rond : cela dépend de ce qu'ils apportent. Dans ces immensités fixes, l'homme accroché à sa terre sait par nécessité se faire mouvant, fluctuant, malléable. On ne peut le lui reprocher : il n'a autour de lui que rocs, poussière, sable. Et Kaboul, la capitale si lointaine, si mystérieuse, dont le pouvoir ne s'est jamais vraiment étendu sur le pays, est l'incarnation d'une idée, celle de la nation afghane, à laquelle chacun se raccroche pour s'en disputer les faveurs comme on tire le lait d'une vache.

C'est cela l'Afghanistan. Et l'islam bien sûr, dont les cinq prières quotidiennes rythment la vie de tous et dont les prescriptions font tronc social, créant un sentiment d'unité là où, profondément, il n'est que besoins vitaux à satisfaire.

Pendant les années d'occupation soviétique (1979-1989), les États-Unis et l'Occident se gardèrent de toute interférence directe, choisissant de mener une guerre par procuration contre Moscou. Les troupes soviétiques parties, Moscou défait, les regards se détournèrent aussitôt. Avec la chute du mur de Berlin et la fin de la « guerre froide », un nouveau monde s'annonçait. L'Afghanistan n'était plus à l'ordre du jour. On pouvait s'y déchirer avec les armes déversées par les Soviétiques et les Occidentaux, on pouvait voir les fractures de l'islam s'y creuser, on pouvait y assister à un effondrement. Quelle importance ?

Le désespoir est un terreau fertile. La faim tenaille, l'incertitude dévore, le désordre absolu nourrit le rêve d'un ordre idéal. Advint le temps des prophètes. L'heure des talibans avait sonné.

Le mouvement des « étudiants en religion », apparu au Pakistan, l'ancien canal d'alimentation en armes de la résistance aux Soviétiques, proclamait vouloir ressusciter un Afghanistan idéal, traditionnel, régi par la seule règle islamique et les coutumes ; un monde harmonieux où chaque « chose » trouvait sa place : les femmes, vouées à la réclusion ; les voleurs, soumis aux verdicts des docteurs de la loi qui décidaient de leur trancher la main ; les enfants, astreints en guise d'éducation à ânonner par cœur les versets coraniques.

Mouvement millénariste prônant le retour à la pureté d'un islam originel, synonyme de fierté retrouvée, les talibans n'étaient pas une création, mais une recréation. Un siècle plus tôt, de passage dans la région de Malakand (dans l'actuel Pakistan), le jeune Winston Churchill, officier militaire et correspondant du *Daily Telegraph*, les avait croisés en pleine insurrection contre l'empire des Indes : « Alors le mollah élèvera la voix et leur rappellera d'autres jours [...] où la vraie religion a marché à grands pas, fièrement, à travers la terre, et dédaigné de rester cachée et négligée parmi les collines », notait le futur Premier ministre britannique[1].

Dans les années 1990, les talibans s'adaptent au contexte du moment : ils ne font plus face à l'empire, mais à l'anarchie. Il n'y a plus d'étrangers à bouter hors d'Afghanistan, mais des fidèles oublieux de leurs devoirs et obligations qu'il convient de remettre dans le droit chemin. Le mouvement est nationaliste : l'ordre est le maître mot ; le Coran, la clé ; l'islam, le ciment.

Kaboul tombe entre leurs mains en 1996. « Un pas positif », déclare la secrétaire d'État américaine, Madeleine Albright. L'appréciation atteste des liaisons dangereuses entretenues de longue date par les États-Unis avec les mouvances fondamentalistes rassemblées derrière le drapeau taliban.

Tenu aux États-Unis pour un héros de la résistance aux Soviétiques, le

1. Winston Churchill, *The story of the Malakand field force*, 1898 ; trad. française par John Le Terrier, *La guerre du Malakand*, Paris, Les Belles Lettres, 2012.

commandant Djalaluddin Haqqani est un pilier du mouvement. Il est aussi celui qui fait le lien avec le parrain pakistanais et les combattants étrangers d'Al-Qaïda, la « base » d'Oussama ben Laden. Vivant en reclus à Kandahar, la grande ville du Sud afghan, le mollah Omar – que l'on dit analphabète – est le chef du mouvement, le « commandeur des croyants ».

L'ordre taliban s'impose sans difficulté dans les campagnes, rassurées par un retour aux temps séculaires. Dans les villes, c'est plus compliqué. Aux entrées de Kandahar, on découvre des centaines de mètres de bobines de film éventrées et dévidées ; l'islam interdit toute représentation humaine, affirment les talibans. À Kaboul, de nombreuses pièces du musée national sont saccagées : sculptures défigurées, personnages des peintures et gravures effacés, les antiques bouddhas de Bâmiyân explosés. Des autodafés de livres sacrilèges sont organisés. La danse, la musique, le théâtre, sont proscrits. La femme, pécheresse, impure et tentatrice, est reléguée. Dans l'univers taliban, il n'est de place que pour le travail et la dévotion. Les administrations afghanes brinquebalent aux mains de ces hommes de Dieu qui ne savent les diriger. Les campagnes respirent, les villes se figent. Le ministère des Vices et des Vertus devient le bras armé du régime.

J'ai vu ces années-là. Kaboul était spectrale, une prison à ciel ouvert. Chaque vendredi, justice était rendue au stade : des officiants tétanisés en blouse chirurgicale bleue coupaient les mains ou abattaient les justiciables déposés, souvent drogués, au milieu du gazon, au point exact où débutent les parties de football. J'ai eu des discussions sur l'adultère avec des responsables talibans qui m'expliquaient que, non, ce n'était pas un meurtre puisque la fautive n'était pas tuée par des mains humaines, mais par le fracas d'un mur poussé par un bulldozer qui s'abattait sur elle. Un autre m'expliqua que la femme était comme cette tasse de thé ébréchée qu'il tenait là, entre les mains, et il la jeta par-dessus son épaule. Dans l'univers urbain, si éloigné du monde rural afghan, l'emprise de la religion se faisait totalitaire alors qu'elle coulait de source partout ailleurs – imprégnant et rythmant naturellement un quotidien borné par une géographie farouche, inexpugnable.

Cette collision de mondes, je la compris en tombant un jour sur une assemblée de petits chefs talibans assis en demi-cercle dans les fauteuils d'une villa de Kaboul autour d'un poste de télévision. À l'écran défilaient les images d'un programme retransmis par un satellite tournoyant en orbite autour de la Terre. C'était alors relativement nouveau. Les chefs talibans arrivaient de leurs redoutes isolées, barbe teinte au henné et turban encore poussiéreux. Ils étaient figés, raides, comme captivés, hypnotisés. Je me suis avancé. Le nom de la chaîne était incrusté sur l'image à l'écran : Fashion TV. Des mannequins défilaient les unes après les autres dans des tenues affriolantes sur des podiums illuminés par des spots à Dubaï, Paris, Londres, New York, Singapour… Ils avaient tous les yeux rivés sur ces images. Qu'en pensaient-ils ? Je ne peux le dire, je ne pouvais que constater le choc intense.

C'était à la fin des années 1990. Aujourd'hui, plus de la moitié de la population afghane a moins de trente ans. La mémoire de cette période s'est fanée. Les combattants talibans de retour à Kaboul sont jeunes, à l'image du pays. Voici trente ans, leurs parents découvraient la télévision avec stupéfaction. Eux usent du téléphone portable et des réseaux sociaux avec agilité. Leur saison 2 serait-elle un simple décalque de la saison 1 ?

Le 9 septembre 2001, Ahmad Chah Massoud, « le Lion du Panchir » et dernier opposant à l'ordre taliban, était assassiné par un commando de tueurs. Deux jours plus tard, les tours jumelles du World Trade Center s'écroulaient à New York. Dans les semaines qui suivirent, les talibans furent chassés de Kaboul par une opération américaine lancée en représailles sous l'intitulé « Guerre au terrorisme ». Ayant accueilli le chef d'Al-Qaïda Oussama ben Laden, maître d'œuvre de l'attentat aux trois mille morts américains, l'ayant protégé, ayant accepté la création de camps d'entraînement, les talibans refusèrent de livrer leur hôte. Ils furent balayés.

Le rouleau compresseur était irrésistible. L'Europe, l'Otan furent aspirées. Le mollah Omar, le « commandeur des croyants », s'enfuit sur une motocyclette. Sa mort fut cachée pendant deux ans. Oussama ben Laden trouva refuge dans le repaire de Djalaluddin Haqqani, proche du Pakistan. Il parvint à glisser entre les mailles du filet.

Le conflit militaire fut gagné comme on cueille une fleur. La technologie, la puissance, l'argent, les troupes, s'engouffrèrent dans les montagnes et les déserts afghans en un flot brutal et soudain.

Restaient deux points : démanteler les réseaux terroristes et bâtir la paix. Le premier fut l'objet d'une attention constante : des centaines d'activistes et de militants furent arrêtés et emprisonnés à Guantánamo, des centaines d'autres furent tués par des commandos ou des drones. Le second – bâtir la paix – fut délaissé, car très vite l'agenda de Washington bascula : à la guerre contre le terrorisme lancée en Afghanistan, les États-Unis ajoutèrent un second front, l'Irak, accusé – c'était un mensonge – de détenir des armes de destruction massive.

La focale se déplaça. La guerre en Irak, déclenchée en 2003 après une intense campagne diplomatique, monopolisa toutes les attentions tandis que la question afghane était tenue pour réglée. Ce qu'elle était, en apparence. Dans les années d'après 2001, des myriades d'organisations humanitaires s'installèrent à Kaboul au milieu des *contractors* américains – ces paramilitaires privés engagés comme sous-traitants pour suppléer l'armée des États-Unis dans les basses besognes.

Sans que nul ne le décide vraiment, sans qu'il soit question de *nation building* pour les dirigeants occidentaux lancés dans la guerre au terrorisme, Kaboul fut calée à l'heure de l'Occident : démocratie, droits de l'homme, droits de la femme, droits LGBTQI+. Ce fut une inclinaison nette, brutale, comme une prise branchée en direct sur les capitales occidentales tandis que le pays profond restait dans sa solitude et son obscurité.

C'est dans ces années-là, vers 2010, que j'ai renoncé à me rendre régulièrement en Afghanistan. L'hiatus était trop grand, trop fort. Je ne reconnaissais plus ce pays. Les promesses, jamais vraiment formulées, toujours implicites, me semblaient dessiner une illusion. J'aurais aimé y croire, je ne le pouvais pas.

J'ai suivi de loin les événements. Le lent retour sur scène des insurgés ; les heurts de plus en plus fréquents, violents, entre les postes avancés des troupes occupant le terrain et des talibans invisibles, un jour civils, un autre combattants. Il y eut des montées en puissance des forces militaires étrangères – jusqu'à cent trente mille soldats déployés, des Américains, des Français, des Britanniques, des Allemands… –, puis des retraits. Des milliards de dollars furent déversés, dont une bonne partie revenait en Occident, le reste étant dispersé dans la poussière afghane et des poches corrompues.

Oussama ben Laden fut tué en 2011 par les forces spéciales américaines à Abbottabad, au Pakistan. Barack Obama assista en direct de la Maison-Blanche à l'opération – la photo du président américain entouré de ses plus proches conseillers fit le tour du monde. Les États-Unis l'avaient emporté après dix ans de traque. Il était temps de fermer le ban.

On changea de doctrine : de la guerre traditionnelle, on passa à la guerre contre-insurrectionnelle, puis à la création presque *ex nihilo* d'une armée afghane. Comme d'habitude, les responsables politiques de Kaboul se disputaient les faveurs des parrains étrangers – les États-Unis, le Golfe, l'Occident, le Pakistan, la Russie, l'Iran – et les allégeances locales.

Tout se brouilla. L'usure, la fatigue, les promesses, le bourbier. Les seigneurs de guerre toujours aux manettes vieillirent, le souvenir des rudes années talibanes s'effaçait. L'incurie de l'État afghan fut dénoncée. Kaboul se fit frondeuse. Pas rebelle : indolente.

Donald Trump décida du retrait, Joe Biden l'entérina. Des négociations furent engagées fin 2020 à Doha, la capitale du Qatar. Les États-Unis discutèrent en tête à tête avec les talibans, accordant des libérations massives de prisonniers, passant un accord de non-agression, affichant leur confiance envers les promesses des talibans.

Exclues de l'essentiel des négociations, les autorités de Kaboul se virent désinvesties, délégitimées comme un vassal à qui le suzerain retire son sceau. Dans le même temps, les talibans maintenaient la pression contre les forces afghanes disséminées à travers le pays.

À Kaboul, les attentats se firent quotidiens : contre des juges, des journalistes, des intellectuels, des femmes, des responsables… Une campagne de terreur pernicieuse, destinée à briser les élans, à enserrer la vie dans la peur.

Que n'ai-je pas vu alors ? Comment ai-je pu me laisser bercer par l'idée d'une histoire restant à écrire sans imaginer un instant la débandade qui allait survenir, cette disparition brutale, soudaine, presque instantanée, d'un État et de son bras armé ?

J'avais rencontré les responsables de cet État – Amrullah Saleh, le vice-président, Abdullah Abdullah, le responsable des négociations à Doha –, des hommes politiques – Gulbuddin Hekmatyar, le « boucher » de Kaboul, Ahmad Massoud, le fils du « Lion du Panchir » –, d'anciens responsables des services secrets, des journalistes, des intellectuels… Tous – à une exception - se disaient parés à se battre à Kaboul et, entendant ces mots, je les visualisais organisant leurs forces, se préparant à prendre en main leur destin, celui de leur peuple. Les mêmes – la plupart d'entre eux – s'enfuirent par avion ou hélicoptère quelques heures avant la chute de la capitale.

Trois semaines durant, l'aéroport de Kaboul, théâtre de folles évacuations, se fit ultime radeau du naufrage occidental. Il y eut des cris, des larmes, du désespoir. Une tragédie. Puis le rideau tomba, l'obscurité avec. Débranchée du monde, la capitale afghane replongea dans la nuit talibane.

« Voilà à quoi ressemble la défaite. »

« J'étais sur place, avant, pendant et après »

« Ce ne sont pas les informations qui nous font défaut. Ce qui nous manque, c'est le courage de comprendre ce que nous savons et d'en tirer les conséquences. »

Sven Lindqvist,
Exterminez toutes ces brutes

Pourquoi cette histoire du génocide des Tutsi vous tient-elle autant à cœur ?

À l'origine, c'est un sentiment d'injustice. J'étais sur place, au Rwanda, avant, pendant et après. Donc j'ai vu. J'ai constaté. J'ai entendu. Je suis entré dans cette histoire avec des gens, avec de la chair, des propos, des témoignages, des situations, des constats dressés sur le terrain. J'ai eu ce sentiment d'injustice, car l'histoire se voyait déniée. On tentait de lui donner une autre direction, de la travestir. On se refusait à regarder la réalité des faits. Après le sentiment d'injustice est venu celui de l'indignation. La façon dont nous examinions cet événement inouï n'était pas à la hauteur de ce que nous sommes. Des responsables politiques, des intellectuels, des chroniqueurs détournaient le regard en évoquant le dernier génocide du XXe siècle avec des mots lapidaires, triviaux, condescendants : sauvagerie, tribalisme, cœur des ténèbres, Afrique éternelle… À les entendre, ce qui s'était produit au Rwanda devait être tenu pour normal, banal, un peu excessif peut-être. J'y voyais un déni d'humanité, un déni du fait politique en Afrique.

Pourquoi ?

Un génocide est une construction politique qui s'inscrit dans le temps et se matérialise par étapes. Celui des Tutsi du Rwanda a été extrêmement sophistiqué. Il y a eu de nombreux paliers, une maturation intellectuelle sur près de trente ans et, au final, sa réalisation a été marquée par un saut « qualitatif ». Les nazis avaient dû mettre en place tout un appareil spécifique, secret, hiérarchisé, avec un organigramme, pour organiser le génocide des Juifs. Au Rwanda, il n'y a eu ni secret ni structure dédiée. L'extermination a été perpétrée à ciel ouvert, au vu et au su du monde entier, avec une participation populaire.

En termes froids, j'y vois une avancée : l'idée de génocide a progressé, les techniques ont franchi un cran. Et cela, nous ne voulions pas le voir même après le crime, préférant nous réfugier derrière des biais et des sous-entendus – la sauvagerie, la barbarie, les clichés sur l'Afrique – pour éviter d'examiner l'engagement des plus hautes autorités françaises.

Comment réagissiez-vous ?

Je me disais : nous avons notre histoire européenne, nous la connaissons. Confrontés à une même problématique sur un autre continent, nous esquivons sans prendre la peine de nous interroger, en dépit de ce que nous savons et avons déjà appris sur les mécanismes de l'extermination. Pourquoi ? L'interrogation était d'autant plus aiguë que le génocide des Tutsi s'est produit cinquante ans après la fin de la Seconde Guerre mondiale, au moment exact où l'Europe le commémorait en proclamant « plus jamais ça ». L'hiatus était énorme. J'avais mon bagage de reporter, de choses vues, de gens rencontrés. Les images étaient persistantes, gravées dans ma mémoire. Quand, quelques années plus tard, j'ai commencé à interroger des responsables politiques ou militaires avec des questions précises du type : « Tel jour, telle heure, un avion a livré des armes », on me répondait : « Vous imaginez que des soldats français ont participé au génocide ? » Le glissement était permanent. Il pouvait aller jusqu'à : « Vous imaginez des soldats français machette à la main ? » Ces hypothèses totalement farfelues, surgies de nulle part, permettaient d'éviter de répondre.

Qui a porté la thèse de deux génocides, laissant croire que les Tutsi avaient à leur tour commis un génocide contre les Hutu, que les victimes étaient en réalité les coupables ?

La grande étape qui permet de crédibiliser cette hypothèse, de lui donner corps et force, c'est le sommet franco-africain de Biarritz en novembre 1994, quelques mois après la fin du génocide. Dans le discours écrit de François Mitterrand, sont mentionnés « les génocides », au pluriel. À l'oral, François Mitterrand dit « le génocide », au singulier. Je lui pose la question: « Monsieur le président, quelle est la bonne version ? » Il veut répondre, mais n'y parvient pas. À quatre reprises, il tâtonne. Puis il prononce ces mots: « Oui, il s'est bien produit un génocide au Rwanda, mais lequel? Celui des Hutu contre les Tutsi? Ou celui des Tutsi contre les Hutu? [...] Le génocide s'est-il arrêté après la victoire des Tutsi? Je m'interroge... » François Mitterrand pose alors en majesté, au nom de la République, l'hypothèse d'un deuxième génocide. Celle-ci n'arrive pas de nulle part: il la décalque du discours raciste des extrémistes hutu. Plusieurs mois après le génocide, l'alignement du chef de l'État sur le discours des extrémistes reste inchangé.

C'est une thèse ancienne ?

En réalité, l'histoire du double génocide remonte presque aux origines. En 1964, le président Grégoire Kayibanda, premier président du Rwanda indépendant, de la jeune « République hutu », l'a clairement énoncée après une attaque de réfugiés tutsi à l'étranger qui entraîne des représailles très lourdes, avec dix mille morts au Rwanda. Dans une adresse aux réfugiés, il a ces mots incroyables : « Qui est génocide ? » interroge-t-il à cinq reprises. Et il répond : vous êtes génocides, car si vous tentez de revenir au pays, « ce serait la fin totale et précipitée de la race tutsi ». Il essentialise les Tutsi, il leur attribue cette faculté de porter en eux le génocide. D'un point de vue sémantique, l'inversion est radicale. Le philosophe et mathématicien Bertrand Russell s'en rend compte, qui parle du « massacre le plus systématique depuis l'extermination des Juifs d'Europe ». Pendant des années, ce discours va se renforcer. On retrouvera cette essentialisation sous une forme virulente et aboutie en 1990 quand les réfugiés tutsi tenteront à nouveau de rentrer chez eux. De nombreux « petits massacres », des pogroms, seront constatés. Le substrat « Tutsi = génocide » est le pilier du discours extrémiste qui attise toutes les peurs. Quand la France entre dans le jeu, cette dialectique infernale est en place, et Paris l'accepte sans broncher. On le constate dans les mots de la diplomatie française. Paul Dijoud, alors responsable Afrique au Quai d'Orsay, reçoit Paul Kagame, alors leader de la rébellion, et lui dit : « Si vous ne déposez pas les armes, vous trouverez tous les vôtres déjà exterminés à Kigali. » En réitérant la thèse de Grégoire Kayibanda, Paris consent de fait à la possibilité du génocide. D'où la « faillite » morale et politique de la France au Rwanda.

Hubert Védrine, alors secrétaire général de l'Élysée, s'est appuyé sur le rapport Projet Mapping établi par le Haut Commissariat des Nations unies pour les réfugiés (HCR). Vous avez des mots très durs dans votre livre[1]*, en disant qu'on y décrit des actes de guerre des Tutsi avec les mots de l'extermination, « Waterloo avec les mots d'Auschwitz ».*

1. Patrick de Saint-Exupéry, *La traversée*, Paris, Les Arènes, 2021.

Lorsque François Mitterrand impose et accrédite cette thèse du double génocide à Biarritz, c'est une pure théorie. Il n'y a aucun fait, seulement des bruits, des rumeurs, des soupçons. Ça ne tient pas. Au fil du temps, cette thèse va pourtant prendre une importance grandissante. Hubert Védrine s'en fait le principal défenseur, il la martèle, la justifie, en allant de plus en plus loin. Ses références seront le rapport Projet Mapping et les négationnistes les plus durs, comme la journaliste canadienne Judi Rever.

Quels actes montrent selon vous que la France participe au génocide ?

La France ne participe pas au génocide. En revanche, un petit groupe de hauts responsables de l'État français prend la main sur le dossier et engage une politique secrète de collaboration avec les extrémistes hutu. Si on veut résumer, c'est simple : Paris soutient politiquement, militairement et diplomatiquement ceux qui vont commettre le génocide, avant, pendant et après. Ce soutien est documenté. Le gouvernement du génocide est constitué dans les locaux mêmes de l'ambassade de France, où se trouvent réunis les plus extrémistes. Après le génocide, Paris soutient sans faillir ce noyau dur qui a réalisé, pensé et commis le crime. Ce sont nos alliés. On ne les lâche pas. Quoi qu'ils aient fait. Le point saillant est l'exfiltration du gouvernement génocidaire de la zone Turquoise créée par la France à la fin du génocide. Yannick Gérard, l'ambassadeur détaché auprès de Turquoise, note : nous savons ce que ces gens ont fait, nous connaissons leur degré de responsabilité, nous n'avons pas d'autre choix que de les arrêter. Mais un ordre tombe, transmis par Hubert Védrine. L'Élysée dit : « Laissez-les partir au Zaïre » (qui deviendra la RDC). Pour François Mitterrand, écrira Édouard Balladur, alors Premier ministre, il était « hors de question de châtier les auteurs hutu du génocide ». Plus d'un million de personnes quittent alors le Rwanda sur ordre des génocidaires, qui entendent organiser la reconquête à partir du Congo pour « finir le travail », comme ils disent. Radio Mille Collines, surnommée « Radio-la-mort », donne des instructions. La population suit. L'exode est voulu, organisé. D'immenses camps se créent au Congo, à proximité de la frontière rwandaise. Ils servent de base. Les milices et l'armée du génocide s'y reconstituent. Ces camps sont autant d'éclats de haine brute, minérale : on y assassine, on y cultive la propagande, on y entretient le « goût de tuer », qui – comme un virus – va contaminer le Congo et l'emporter dans un nouveau cycle de violences. On sait bien qu'un génocide est une idée totalitaire, absolue, sans limites. Une extermination n'est jamais terminée. Un génocide, ça n'a pas de fin, jamais : il y en a toujours des qui survivent sous les cadavres, des qui se réfugient dans les marais, des « mous du genou » qui rechignent à tuer leur femme ou leurs enfants. L'idée de génocide, l'annihilation d'un peuple entier dont le seul tort serait d'exister, vise jusqu'à l'éradication de la mémoire. Quand Paris ordonne de laisser fuir le gouvernement génocidaire au Congo, c'est comme un feu vert pour la poursuite de cette entreprise sans fin. Durant deux ans, ces « réfugiés » vont se réarmer avec l'appui du maréchal Mobutu, revenu en grâce à Paris. Lorsque Jacques Chirac arrive à l'Élysée, après François Mitterrand, le maréchal Mobutu allié aux extrémistes rwandais servira de point d'appui pour tenter de reprendre pied dans la région.

Quelles étaient les motivations de Mitterrand ?

Après la chute du mur de Berlin, le président François Mitterrand ne parvient pas à comprendre le nouveau monde qui se dessine. Il a une vision pré-Seconde Guerre mondiale et applique les schémas du monde d'avant, ce que l'on constate également en Yougoslavie. Ensuite, il y a l'histoire de Mitterrand, le passé trouble de Vichy, puis sa vision datée, très coloniale, de l'Afrique, qui remonte à la période de la IVe où il était ministre de la France d'outre-mer (1950-1952). Son secrétaire général, Hubert Védrine, reprendra cette vision lorsqu'il suggérera, après le génocide, la séparation des Hutu et des Tutsi dans deux pays distincts. Quand je demande à l'époque pourquoi nous sommes engagés aussi profondément dans cette affaire, on me répond : défense de la francophonie, fantôme de Fachoda, danger anglo-saxon. Ou encore : si nous lâchons le Rwanda, nous risquons par un effet domino de perdre la confiance du pré carré français en Afrique. C'est aberrant.

Pour quelles raisons ?

Parce qu'il n'existe aucun accord de défense avec le Rwanda. On nous suggère une logique rationnelle alors qu'aucun engagement n'a jamais été pris. Au début de l'intervention militaire française en 1990, il n'existe qu'un accord de coopération en matière de gendarmerie qui date de 1975, les années Giscard ; c'est tout. D'emblée, Paris se place dans une position intenable, c'est le fait du prince.

Édouard Balladur et Alain Juppé étaient-ils sur la même ligne que François Mitterrand ?

Édouard Balladur va agir comme un frein. Il tente de modérer les ardeurs de l'Élysée, mais il n'est pas assez puissant pour contrer Mitterrand. Le Premier ministre n'en a pas les moyens institutionnels. Pour Juppé, ministre des Affaires étrangères, c'est plus compliqué. En raison de sa personnalité, il est très respectueux de l'État. Or, l'État, c'est François Mitterrand. Il s'interroge, mais il n'entre pas en conflit. C'est même son directeur de cabinet, aujourd'hui patron de la DGSE, Bernard Émié, qui transmet l'ordre d'exfiltration des génocidaires. Le texte récent d'Alain Juppé, dans *Le Monde* du 7 avril[1], est un premier pas, courageux. Il est rare qu'un homme politique admette être faillible, c'est à son honneur.

1. Alain Juppé, « Nous n'avons pas compris qu'un génocide ne pouvait supporter des demi-mesures », *Le Monde*, 7 avril 2021.

Selon vous, l'opération Turquoise, sous couvert de protection humanitaire, a permis aux génocidaires de se refaire ?

Le gouvernement génocidaire a traversé la frontière avec son administration et ses banques. L'armée rwandaise défaite a traversé la frontière avec armes, munitions et bagages. Les milices rwandaises ont traversé la frontière en emportant le pays sur leur dos. En ralentissant la marche de Paul Kagame, qui mit fin au génocide, l'opération Turquoise a facilité la reconstitution d'un État vaincu, d'un « Hutuland » en exil. François Mitterrand voulait aller plus loin. Édouard Balladur, qui refusait de se lancer dans une « expédition coloniale », l'en a dissuadé. Ces tractations au plus haut sommet de l'État ont placé les soldats de Turquoise dans une totale ambiguïté. Celle-ci a éclaté au grand jour avec l'affaire de Bisesero. Les soldats réalisent alors qu'on leur a donné des ordres qui ne correspondent pas à la réalité qu'ils découvrent. Le tableau qu'on leur a brossé de la situation est biaisé.

Que découvrent-ils à Bisesero ?

Que les victimes sont les Tutsi, et les assassins les extrémistes hutu, alors qu'on leur a dit le contraire au départ de Paris. D'où la difficulté de Turquoise. Les soldats français sont dans une position impossible. Quelques-uns se trouveront même en situation de désobéissance. Quand le bras armé d'un État estime devoir désobéir aux ordres, on peut s'interroger sur le fonctionnement de nos institutions.

Comment la minorité tutsi, bien que victime d'un génocide, a-t-elle pu l'emporter militairement sur une armée rwandaise soutenue par la France ?

L'armée rwandaise d'Habyarimana[1] était corrompue et d'un très médiocre niveau. Les recrutements massifs de 1990 à 1994 (de cinq mille hommes à plus de vingt-cinq mille) ont été faits hâtivement, avec trois semaines de formation.

1. Président du Rwanda de 1973 à 1994.

La capacité opérationnelle de cette armée était, de fait, très faible. La fourniture massive d'armes est comme une distribution de stylos à des gens qui ne savent pas écrire : ils gribouillent. C'est ce qu'a fait l'armée rwandaise. Avec une ambition démesurée : être à la manœuvre pour la réalisation du génocide, tout en étant engagée contre le Front patriotique rwandais de Kagame.

Après cette tragédie, la minorité tutsi a repris le pouvoir. Comment parvient-elle, depuis près de trente ans, à diriger un pays majoritairement hutu ?

Il faut rappeler que l'identité rwandaise (culturelle, traditionnelle, sociale, religieuse…) s'est construite sur un temps long. Le mot « Tutsi » désignait les éleveurs, le mot « Hutu », les paysans. Un Hutu achetant des vaches devenait Tutsi. Un Tutsi cultivant des terres devenait Hutu. Ces mots désignaient alors une « catégorie sociale » qui n'était pas figée mais flexible, malléable, liée aux circonstances.

Ce sont les colonisateurs qui ont figé ces mots pour en faire des « ethnies », définies selon d'arbitraires et d'abscons critères pseudoscientifiques : taille du nez, écartement des yeux, surface du front, dessin des oreilles… jusqu'à l'indication d'une mention ethnique sur les cartes d'identité. Or, de ce point de vue, le génocide a plongé le Rwanda dans une année zéro. Pour reconstruire, les nouvelles autorités ne pouvaient pas seulement s'appuyer sur les « Tutsi ». Les identités ethniques ont été gommées, et les anciens Hutu et Tutsi appelés à reconstruire le pays en tant que Rwandais. On trouve aujourd'hui régulièrement d'anciens Hutu (même d'anciens sympathisants des extrémistes) à des positions de pouvoir, comme je l'écris dans *La Traversée*.

Qu'apporte, selon vous, le rapport de la commission Duclert ?

Une base de travail. Nous sommes maintenant dans une vérité acceptée, reconnue et admise par l'État français, qui s'extirpe d'une position de déni pour accepter sa part de « responsabilités lourdes et accablantes ». La France, avec le rapport Duclert, et le Rwanda, avec le rapport Muse, font chacun leur chemin en ouvrant la discussion. Mais la justice appartient aux hommes, et elle doit advenir. Il faudra sans doute encore plusieurs années.

Et maintenant, et demain, comment pourra-t-on surmonter cette histoire ?

En entrant dans la compréhension fine des mécanismes du génocide, en luttant en commun contre le négationnisme, ce poison qui vise à emprisonner chaque individu dans une identité fictive. Cette histoire n'est pas celle d'un bloc hutu contre un bloc tutsi, elle est celle d'une minorité extrémiste qui a décidé d'exterminer un ennemi fantasmé, le Tutsi. En n'hésitant pas à conduire son propre peuple à l'abîme.

Propos recueillis par Éric Fottorino

Qu’a fait la France au Rwanda ?[1]

Cet entretien est issu de « La voix du 1 », le podcast du *1 hebdo* qui consacrait en juin 2021 un épisode à « Qu’a fait la France au Rwanda ? ». Éric Fottorino, Vincent Duclert et Patrick de Saint-Exupéry étaient les invités de Julie Gacon. Un podcast d’une heure, dont sont reproduits ici une sélection d’extraits. L’épisode complet et les autres podcasts du *1 hebdo* sont à écouter librement sur le site du *1 hebdo* et sur toutes les plates-formes de streaming : https://le1hebdo.fr/journal/audio/11/qua-fait-la-france-au-rwanda-

1. Extraits du podcast « La Voix du 1 ».

« Entre le 7 avril et le 17 juillet 1994 dans les collines du Rwanda. Dans ces villes, ces villages, ces forêts et jusque dans ces lacs, on a repoussé encore les frontières de l'espèce humaine. Plus d'un million de femmes, d'hommes et d'enfants massacrés, fusillés, noyés, égorgés, violés, éventrés, des humains tués par d'autres humains. Même si cette image de massacres lointains entre deux ethnies qui se haïssent aura longtemps empêché un examen de conscience de la part de la France. Tout comme la vérité de la solution finale a mis plusieurs années à se faire jour, celle du génocide des Tutsi au Rwanda n'avait toujours pas été formellement établie depuis vingt-sept ans. Vingt-sept ans de mensonges, de secrets, de controverses et de travaux d'historiens qui se succèdent pour révéler le pire. Jusqu'à ce qu'une commission d'universitaires et son rapport de 1200 pages, le rapport dit "Duclert", actent ce que beaucoup disaient depuis longtemps : la France a eu dans le génocide des responsabilités lourdes et accablantes, alignée qu'elle était alors sur un régime raciste, corrompu et violent qui a préparé le génocide avant de l'exécuter. Les preuves sont là, les vannes ouvertes. Aucun retour en arrière n'est possible. »

Patrick de Saint-Exupéry, que faisiez-vous au Rwanda avant le génocide, avant avril 1994 ?

Patrick de Saint-Exupéry. – La première fois où je suis allé au Rwanda, c'était en 1990, au tout début de cette histoire qui aboutit à un génocide. Puis j'y suis retourné en 1993 et en 1994. Pour moi, le Rwanda, c'est une longue histoire. C'est une histoire de trente ans.

Votre premier article pour Le Figaro *sur le génocide, c'était le 24 mai 1994. « Les abattoirs au Rwanda », vous vous rappelez ?*

Patrick de Saint-Exupéry. – Oui, très bien. C'est le 24 mai, parce qu'auparavant j'étais en Afrique du Sud. Il y avait les premières élections libres en Afrique du Sud, Nelson Mandela arrivait au pouvoir. Comme beaucoup de confrères, nous étions bloqués là-bas. J'étais rentré au Rwanda à la mi-mai, nous étions un tout petit groupe de journalistes. En trois jours, nous n'avions vu que des morts. Et à ce moment-là, il n'y avait pas grand-chose à raconter parce qu'il n'y avait pas de témoignages, il n'y avait pas de mots. On dit souvent d'un génocide qu'il est indicible, mais sans vraiment réaliser la portée de ce mot. Pourquoi un génocide est-il indicible ? Parce qu'il n'y a plus personne pour le raconter. Parce qu'il n'y a plus de mots. Ce n'est pas parce qu'on ne peut pas le raconter. C'est parce que les mots pour le raconter sont devenus extrêmement rares. Et sans récits, sans témoignages, la reconstitution est impossible. Heureusement, au bout du troisième jour, nous sommes tombés sur des rescapés, des survivants qui sortaient des marais dans la région de

Nyamata. Et là, c'était une autre difficulté. Ces gens-là nous racontaient leur histoire. Nous étions sur place, elle était vraie dans les moindres détails, il n'y avait rien à redire à cela. Et en même temps leur histoire partait en tous sens. Il n'y avait plus de temporalité, il n'y avait plus de date. Tous les faits s'entrechoquaient. Vous étiez sur place, vous compreniez parfaitement ce qu'ils racontaient et vous vous disiez dans le même temps : « Si je le restitue, les auditeurs, les lecteurs, à huit mille kilomètres de distance, ne le comprendront pas. » Voilà la réalité des premiers temps du génocide. Vous essayez de bricoler pour tenter de faire comprendre ce qu'il s'est réellement passé.

Vincent Duclert, avec votre rapport il n'y a plus de retour en arrière possible. L'histoire est rentrée dans son lit. Il faut préciser que vous vous êtes appuyé sur un socle de connaissances déjà existant, un travail préalable d'une historiographie de plusieurs années qui vous a permis de questionner ces archives.

Vincent Duclert. – Oui, tout à fait. Grâce à l'accès que nous avons obtenu par la volonté du président de la République. Et je tiens à souligner sa détermination à ce que l'on puisse accéder à toutes les archives.

Presque toutes les archives.

Vincent Duclert. – Oui, parce qu'il y a eu des blocages, notamment à l'Assemblée nationale. Mais nous avions une habilitation secret défense et des dérogations systématiques. Grâce à cela, nous avons mis au jour la connaissance qui a permis d'établir les responsabilités politiques. Elles avaient été très clairement envisagées par les historiens et par les journalistes qui ont travaillé sur le sujet. C'est l'occasion pour moi de saluer tout le travail d'avant-garde de journalistes comme Patrick de Saint-Exupéry et Laure de Vulpian. Ils ont mené un travail de vérité, et sans leur travail, sans leur courage, rien de ce que nous avons fait ne serait advenu. C'est important de le souligner. C'est également grâce à eux que nous avons pu interroger les archives avec pertinence. Ce qui a changé, avec ce rapport, ce n'est pas ce que nous avons mis en place et établi, parce que cette connaissance était déjà mesurée. Ce qui a changé, c'est l'histoire officielle, portée en particulier, il y a encore quelques années, par Hubert Védrine, qui expliquait que la France avait tout fait pour éviter le génocide et qu'elle n'était responsable de rien. Aujourd'hui, cela a changé, et cela a été acté par le présent de la République à deux moments : lorsqu'il a reçu solennellement le rapport, et dans le discours qu'il a prononcé à Kigali le 27 mai 2021. Il a officialisé cette connaissance historique et l'a portée au plus haut niveau de l'État. C'est irréversible.

Avec un accès aux archives non pas limité, puisqu'on vous a promis de tout ouvrir, mais incomplet, puisque des documents manquent. Et vous avez vous-même découvert, après la publication de votre rapport, un document de Michel Rocard, une déclaration faite devant la mission d'information parlementaire de 1998. C'était vous, Patrick de Saint-Exupéry, avec vos révélations, qui aviez provoqué cette mission d'information parlementaire à l'époque. Que faut-il faire pour que toutes les archives soient ouvertes ?

Patrick de Saint-Exupéry. – Dans un premier temps, il était question de la création d'une commission d'enquête parlementaire et non pas d'une mission d'information. Ça a été refusé. Une commission d'enquête parlementaire aurait permis un travail judiciaire plus avancé parce que les parlementaires se seraient vus dotés de prérogatives bien plus importantes. Cette bascule entre commission d'enquête et mission d'information revient en partie, me semble-t-il, à Paul Quilès, ancien ministre de la Défense de François Mitterrand, qui a voulu limiter le champ de travail de la mission d'information qu'il présidait. De plus, celle-ci a fonctionné sur un mode surprenant, avec des auditions réservées. Elle a rencontré énormément de difficultés dans son travail, même si, au final, elle a obtenu un résultat. Je me souviens du premier coup de fil de Paul Quilès, qui m'appelle et qui me parle comme à un simple soldat, sur le ton de l'adjudant. « Envoyez-moi tous les documents qui se présentent. » Je lui ai raccroché au nez, on ne parle pas aux gens comme ça. Il a rappelé. On a commencé à discuter. Mais c'est très étrange la manière dont les choses se sont faites. Il a fallu beaucoup de temps pour que l'on commence à avoir le sentiment qu'un travail était produit.

Vincent Duclert, estimez-vous que la commission a fini le travail ?

Vincent Duclert. – La commission a fini le travail, avec la remise et la publication du rapport, qui est accessible à tout le monde sur le site *Vie-publique.fr*. C'est très important. Notre objectif était de favoriser l'ouverture des archives. Un grand nombre d'entre elles ont été déclassifiées et sont ouvertes à tout public aux Archives nationales. C'est peut-être ce qui nous distingue de la mission Quilès, la mission d'information parlementaire. Le travail des parlementaires et le travail des historiens ne sont pas tout à fait semblables. […] Nous avons travaillé sur la même période, et la mission Quilès a récupéré, quatre ans après les événements, beaucoup d'archives que nous souhaitions voir. Nous n'avons pas pu les consulter. Il s'est trouvé que le journal *Libération* a révélé la déclaration que Michel Rocard a eu l'interdiction de prononcer lors de son audition – une audition particulière, car celle d'un Premier ministre qui avait été en responsabilité au moment du déclenchement de l'opération Noroît, donc vraiment là où se mettent en place toutes les structures de pouvoir intervenant au Rwanda, en particulier la présidence de la République. Lorsque Michel Rocard dit dans son audition qu'il a appris par la presse le déclenchement de l'opération Noroît alors qu'il était Premier ministre et qu'il était chargé de mettre en œuvre la politique décidée par le président de la République, cela pose d'énormes problèmes institutionnels et même constitutionnels. L'audition de Michel Rocard se fait en présence d'Édith Cresson, qui lui a succédé, et de Roland Dumas. C'est une audition assez courte et on lui interdit de lire sa déclaration. Sa déclaration, il la remet et elle disparaît. Elle n'est pas dans le volume annexe de la mission d'information parlementaire. On voit comment un ex-Premier ministre et un leader socialiste envisage cette question, envisage les responsabilités de la France dans le génocide et envisage aussi la nécessité d'entreprendre une démarche de vérité en direction du Rwanda en vue d'une réconciliation. D'une certaine manière, ce que Michel Rocard a été empêché de faire, Emmanuel Macron, le 27 mai 2021, l'a réalisé. Cela pour vous dire l'importance de la collecte de documents, ce que font effectivement les historiens, ce que font aussi les journalistes.

Patrick de Saint-Exupéry, vous qui continuez depuis vingt-sept ans à travailler sur le Rwanda, je voulais profiter de votre rencontre avec Vincent Duclert. Sans doute vous connaissez vous déjà, mais avez-vous découvert des choses en lisant ce rapport ?

Patrick de Saint-Exupéry. – […] Nous, en tant que journalistes, n'avons que des bouts du puzzle. Ce que fait la commission de Vincent Duclert, c'est de rassembler l'ensemble des pièces en matière de documents et de voir si l'ensemble donne une image cohérente. Ce travail-là, les journalistes ne peuvent pas le faire. […] Il reste encore du travail à faire, mais il faut d'abord réunir le puzzle, l'assembler complètement, ensuite le soumettre aux politiques qui l'acceptent. Ce deuxième pas est extrêmement important. Je crois que tous les gens qui travaillent sur ce dossier depuis des dizaines d'années, vingt ans, trente ans, avec le voyage d'Emmanuel Macron, avec la remise du rapport, ont eu le sentiment de sortir d'un tunnel. Pendant des années et des années, des personnes de toutes tendances, des militants engagés, pas engagés, des gens indignés, des chercheurs, des historiens, des journalistes, même des gens avec des trajectoires totalement improbables, se sont intéressés à ce dossier et s'y sont vraiment investis par envie de connaissances, d'honnêteté, pour de multiples raisons. Ces gens-là ont travaillé dans l'obscurité. On ne voulait pas les écouter, on ne voulait pas les entendre. Ils essayaient de dire des choses, mais ça n'était pas audible. Le rapport et le déplacement d'Emmanuel Macron amènent de la lumière. C'est, pour eux, le bout du tunnel.

Vincent Duclert. – Il y a, dans *Le 1*, un article de Gaël Faye qui est extrêmement émouvant. Ce qui justifie tout le travail qu'on a mené et qui n'a quand même pas été facile parce qu'il y a eu de nombreuses attaques. Gaël Faye dit qu'il voit ces mots et que le tunnel s'ouvre, la sortie est là. [...] Je crois que ce qui a changé, notamment avec notre rapport, c'est que jusque-là, il était très compliqué de porter la responsabilité jusqu'au sommet de l'État parce qu'il y avait des intimidations, il y avait des procès. Patrick de Saint-Exupéry a été poursuivi en justice. Mais on ne peut pas accepter un génocide en Afrique, le dernier génocide du XXe siècle, sans rechercher qui est responsable de ce processus génocidaire, de cette catastrophe. On sait bien sûr que la décision en matière africaine, diplomatique, militaire, revient à l'Élysée. Mais il faut le prouver, il faut prouver les ordres donnés, il faut dire comment le chef de l'état-major particulier, qui n'était qu'un conseiller militaire de François Mitterrand, a agi en donnant des ordres directement aux unités qui étaient au Rwanda.

Néanmoins, vous parlez d'aveuglement, et c'est en cela que vos conclusions diffèrent de celles du rapport MUSE commandé par Kigali à des avocats américains qui, eux, disent que l'État français n'était ni aveugle ni inconscient. Dans ce rapport, Vincent Duclert, vous ne concluez pas à une intentionnalité génocidaire des autorités françaises. Vous, en tant qu'historien, vous n'êtes pas juge. Cela se comprend. Mais si la commission avait compté des experts en droit international, par exemple, est-ce qu'ils n'auraient pas dit qu'il peut y avoir complicité de génocide sans intentionnalité ?

Vincent Duclert. – Ce rapport est à destination de toutes les communautés. C'est une production de savoir. On peut s'en saisir. En tant que Gaël Faye, en tant qu'artiste, en tant que juge. C'est une capacité à livrer la documentation d'État. C'est extrêmement important de le faire. Si nous, nous avons assumé cette question de la complicité, c'est simplement parce que dans toutes les archives que nous avons consultées, il ne s'en trouvait aucune qui disait que la persécution systématique opérée par le régime hutu, avec une gangrène extrémiste extrêmement forte, contre la minorité tutsi était souhaitée. La France, effectivement, s'associait à cette persécution systématique qui allait vers l'extermination. Mais sur ce point-là, il n'y a pas d'archives. En revanche, c'est l'incompréhension du régime Habyarimana, la diabolisation du Front patriotique rwandais, qui ont amené la stigmatisation des Tutsi et donc le soutien de la France à ces stigmatisations, sans comprendre. Voilà pourquoi nous concluons en pointant cette responsabilité cognitive. Cette incompréhension est très grave parce que nous sommes un pays qui est marqué par une grandeur intellectuelle qui, là, s'est révélée désastreusement absente.

Patrick de Saint-Exupéry, quand on parle de négationnisme en parlant du Rwanda, est-ce que ça existe encore ? Est-ce que ça circule encore ?

Patrick de Saint-Exupéry. – Oui, car le négationisme fait partie de l'histoire du génocide. Son principal ressort n'a pas tant été de nier la réalité du génocide que de prétendre : « D'accord, il y a eu un premier génocide, mais il y en a aussi eu un deuxième, et est-ce que les Tutsi n'ont pas aussi attaqué les Hutu ? » La personne qui a introduit cette hypothèse, c'est François Mitterrand, quelques mois après le génocide. L'origine de mon livre *La Traversée* consiste à partir sur les traces de cette hypothèse du double génocide. On vient vous dire : « Mais il y a eu un deuxième génocide, et le deuxième a été encore deux, trois ou quatre fois pire que le premier. » Et tout ça dans la même région. Vous vous dites : « Me serais-je trompé ? » J'ai décidé de m'attacher à cette histoire-là, de partir sur les traces de cet éventuel deuxième génocide pour voir ce qu'il en était. Et nous étions dans le registre de la fabulation. Non pas qu'il n'y ait pas eu des drames, mais nous sommes dans le registre d'une construction théorique qui repose sur du sable et sur du vent. Ce qui ne veut pas dire, encore une fois, qu'il n'y a pas eu de drame. Mais ces drames-là sont d'une autre nature que d'une nature génocidaire.

C'est une autre nature. Ce sont des exactions contre des civils. Il y a des massacres et il ne faut pas le nier. Est-ce qu'aujourd'hui, une fois ce rapport Duclert remis, une fois une vérité établie, officielle, posée, on va pouvoir aussi aller voir les « à-côtés » ? Je crois que, pour la Shoah, on a attendu des années avant de savoir ce que, dans la Résistance, il avait été fait aussi de moins joli. Aujourd'hui, il y a des journalistes qui enquêtent en République démocratique du Congo et qui essaient de dire qu'il y a eu aussi des massacres, des exactions, et non pas un génocide.

Patrick de Saint-Exupéry. – Il y a un vrai problème dans l'usage des mots, dans la responsabilité de l'usage des mots. Des gens vont additionner un massacre + un massacre + un massacre + un massacre. Ça ne fait pas un génocide. Un génocide, ça n'est pas une affaire de nombre, ça n'est pas une affaire de chiffres. Ça n'est pas une affaire de dire qu'il y a un trou dans lequel cinq personnes ont été enterrées. C'est un projet totalitaire d'une puissance absolument incroyable qui consiste à vouloir annihiler, faire disparaître totalement toute une population désignée, qualifiée, hommes, femmes et enfants, et jusqu'à leur mémoire. C'est un projet systématique, totalitaire, et qui s'articule avec une force dont on ne se rend pas compte malgré l'expérience que nous avons de la Seconde Guerre mondiale. Ce qui me frappe, c'est que nous n'avons toujours pas réalisé la nature profonde et fondamentale de ce projet, ni la force et la virulence qui ont été appliquées au Rwanda. D'une manière – je vais peut-être être un peu choquant – sophistiquée parce que ce génocide a été réalisé au vu et au su du monde entier, sans qu'il y ait besoin de secret, sans qu'il y ait besoin d'un appareil spécifique.

Le sentiment que j'ai, c'est qu'aujourd'hui, avec le rapport Duclert, il est nécessaire de vraiment rentrer dans la connaissance fine et approfondie de ces mécanismes génocidaires. De la façon dont ils rendent le génocide possible. Et nous ne sommes qu'au début, malgré tout ce qui a déjà été accumulé en matière de savoir. Nous n'en sommes qu'au début, parce que le projet génocidaire évolue, se sophistique avec le temps.

Vincent Duclert. – […] C'est en effet essentiel si l'on veut tenter de mieux s'armer contre les processus génocidaires qui sont à l'œuvre aujourd'hui. On parle des Ouïgours en particulier, qui sont persécutés avec cette volonté d'annhihilation qui est à la fois physique, mentale, intellectuelle, culturelle, linguistique. On doit faire face avec la connaissance, et le rapport et tous les travaux qui ont été menés, la couverture de la presse, marquent un tournant. Le mur du déni tombe, il tombe parce qu'Emmanuel Macron était à Kigali pour dire : « Voilà, il y a un génocide, il n'y a pas double génocide. La France a accompagné un pouvoir génocidaire. » Les mots ont été dits et il y a là quelque chose d'irréversible. Cela n'a pas été facile. Nicolas Sarkozy avait tenté de briser ce mur du déni. Il a tenté, il n'a pas réussi. Emmanuel Macron, lorsqu'il a nommé la commission dont j'ai pris la présidence, a dû faire face à toute une série d'hostilité, d'incrédulité. Et nous-mêmes, nous avons dû batailler parce qu'il y avait une chape de plomb. À présent, cette chape de plomb s'est fissurée. Il faut désormais transmettre tout ce progrès de la connaissance à la société. Et dire à la société, à ceux qui, en écoutant les enregistrements de Daniel Mermet, avaient le sentiment d'être des mauvais Français parce qu'il mettait en cause une vérité officielle et qu'il salissait la France – c'est exactement le schéma de l'affaire Dreyfus –, leur dire que lorsqu'ils étaient émus en 1994, ils avaient raison d'être émus.

Table des matières

Dans la même collection

Leïla Slimani, *Le diable est dans les détails*
Macron par Macron
Michel Onfray, *La parole au peuple*
Tahar Ben Jelloun, *Un pays sur les nerfs*
Nancy Huston, *Naissance d'une jungle*
Leïla Slimani, *Simone Veil, mon héroïne*, illustrations de Pascal Lemaître
Edgar Morin, *Où est passé le peuple de gauche ?*
Irène Frain, *Une certaine idée du bonheur*
Leïla Slimani, *Comment j'écris*
Erik Orsenna, *Les vérités fragiles*
Collectif, *Philip Roth, l'œil de l'Amérique*
Nicolas Hulot, *Ne plus me mentir*
Collectif, *Karl Marx, regards croisés*
Collectif, *Simone de Beauvoir, les clefs de la liberté*
Robert Solé, *L'envers des mots*
Dany Laferrière, *Vers d'autres rives*
Louis Chevaillier, *La voix du poète. Une anthologie pour comprendre l'actualité*, illustrations de Pascal Lemaître
Collectif, *Romain Gary, le visionnaire*

Régis Debray, *Notre ADN culturel*
Collectif, *De Gaulle, cinquante ans après*
Daniel Cohen, *Contre la solitude sociale*
Éric Fottorino, *La presse est un combat de rue*
Philippe Claudel, *Un monde de fous !*
Adèle Van Reeth, *Vivre et revivre encore*
Arnauld Miguet, *133 jours à Wuhan avec un chien, un chat et la peur au ventre*
Cynthia Fleury, Mona Ozouf, Michelle Perrot, *Liberté, Égalité, Fraternité*
Lola Lafon, *Le loup, l'épée et les étoiles*
Jean Viard, *La France telle que je la connais*
Christophe André, *S'écarter et savourer*
Michel Foucher, *Ukraine. Une guerre coloniale en Europe*
Collectif, *Sommes-nous tous des étrangers ?*

Pour limiter l'empreinte environnementale
de leurs livres, les éditions de l'Aube
font le choix de papiers issus de forêts durablement
gérées et de sources contrôlées.

Achevé d'imprimer en juillet 2023
sur les presses de l'imprimerie Firmin-Didot
pour le compte des éditions de l'Aube
331, rue Amédée-Giniès, F-84240 La Tour-d'Aigues

Numéro d'édition : 5668
Dépôt légal : août 2023
Numéro d'impression : 175528

Imprimé en France